BEI GRIN MACHT SICH IHR WISSEN BEZAHLT

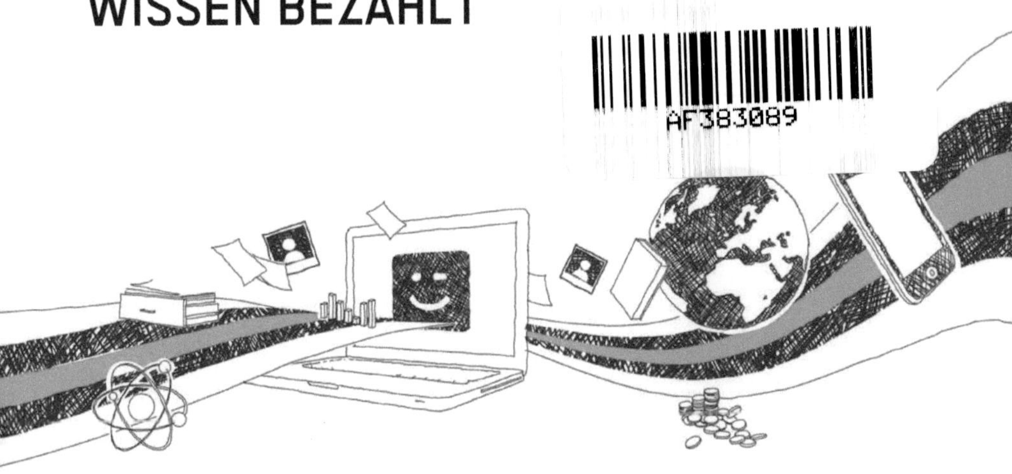

- Wir veröffentlichen Ihre Hausarbeit, Bachelor- und Masterarbeit

- Ihr eigenes eBook und Buch - weltweit in allen wichtigen Shops

- Verdienen Sie an jedem Verkauf

Jetzt bei www.GRIN.com hochladen und kostenlos publizieren

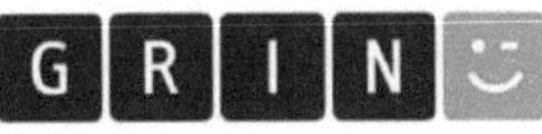

Ernst Probst

Jane Russel - Das frühe Busen-Sexsymbol

GRIN Verlag

Bibliografische Information der Deutschen Nationalbibliothek:

Die Deutsche Bibliothek verzeichnet diese Publikation in der Deutschen National-
bibliografie; detaillierte bibliografische Daten sind im Internet über http://dnb.d-
nb.de/ abrufbar.

Impressum:

Copyright © 2012 GRIN Verlag, Open Publishing GmbH
Druck und Bindung: Books on Demand GmbH, Norderstedt Germany
ISBN: 978-3-656-19295-4

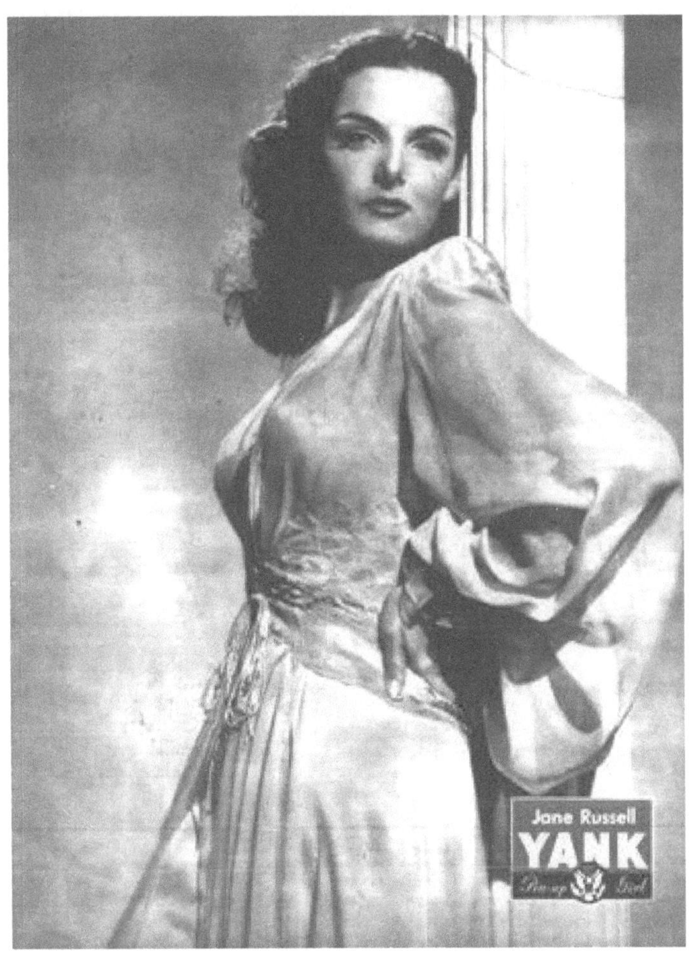

Jane Russell (1921–2011)

Ernst Probst

Jane Russell

Das frühe Busen-Sexsymbol

Beate Werner,
Bernd Werner;
Marianne Werner,
Otto Werner,
Sonja Werner,
Dr. Jochen Werner,
Christine Werner und
Steffen Werner
gewidmet

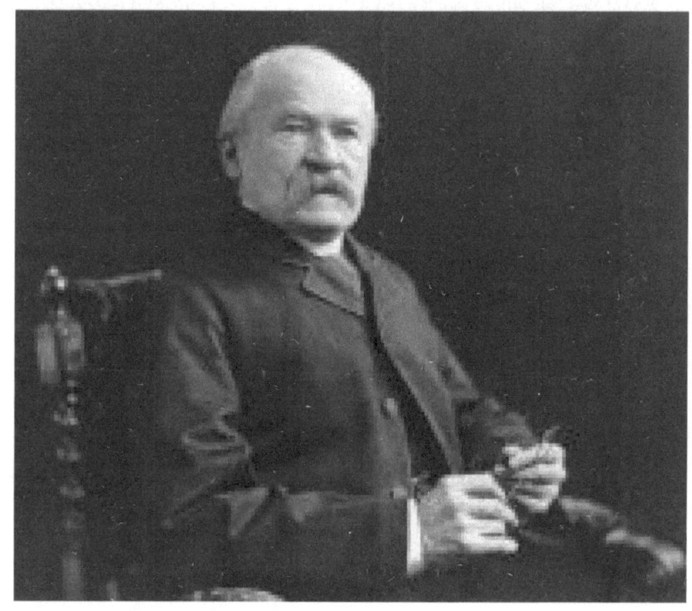

Otto Reinhold Jacobi (1812–1901)

Jane Russell

Das frühe Busen-Sexsymbol

Als eines der ersten Busen-Sexsymbole der 1950-er Jahre galt die amerikanische Filmschauspielerin Jane Russell (1921–2011), eigentlich Ernestine Jane Geraldine Russell. Sie besaß aber viel mehr schauspielerisches Talent, als ihr tief ausgeschnittenes Dekolleté und ihr üppiger Busen ahnen ließen.

Ernestine Jane Geraldine Russell kam am 21. Juni 1921 als erstes Kind des Oberleutnants der US-Army, Roy William Russell (1890–1937), und der ehemaligen Theaterschauspielerin Geraldine Jacobs (1891–1986) in der kleinen Stadt Bemidji (Minnesota) zur Welt. Ihre Eltern stammten aus North Dakota und waren seit 1917 verheiratet. Jane war die einzige Tochter ihrer Eltern. Nach ihr kamen vier Brüder namens Tom, Kenny, Jamie und Wallace zur Welt.

Ihr Urgroßvater mütterlicherseits war der in Königsberg (Ostpreußen) geborene deutsche Maler Otto Reinhold Jacobi (1812–1901). Dieser arbeitete von 1837 bis 1860 in Wiesbaden als Hofmaler für die Herzogin von Nassau, bevor er nach Kanada auswanderte und sich in Montreal niederließ. Gestorben ist er in Ardoch (North Dakota) in den USA.

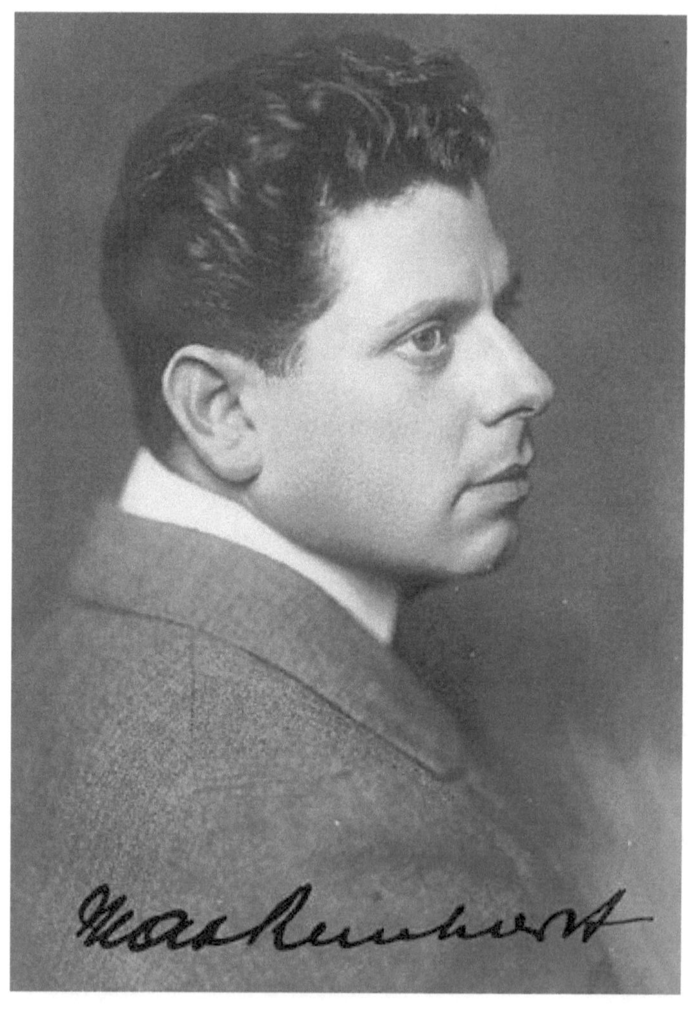

Max Reinhardt (1873–1943)

Während der ersten Jahre ihrer Ehe lebten die Eltern von Jane in Edmonton in der kanadischen Provinz Alberta. Wegen der bevorstehenden Geburt von Jane wechselte ihre schwangere Mutter vorübergehend in die USA, damit ihr Kind als US-Bürger geboren werden konnte. Später zog die Familie Russell in das Tal San Fernando Valley im nordwestlichen Teil von Los Angeles (Kalifornien). Dort lebten die Russells ab 1930 in Burbank, wo der Vater als Bürovorsteher in einer Seifenfabrik arbeitete.

Jane Russell besuchte die „Van Nuys High School" in Los Angeles. Sie nahm Klavierunterricht, trat bei Theaterinszenierungen ihrer High School auf und schuf eine Reihe von Madonnenbildern, die jedoch nie ausgestellt wurden. Aus ihrem ursprünglichen Wunsch, Malerin zu werden, wurde später nichts.

Nach der High School wollte Jane Russell als Designerin arbeiten. Doch als ihr Vater am 18. Juli 1937 nach einer Gallenstein-Operation im Alter von 47 Jahren starb, gab sie diesen Berufswunsch auf und wurde Sprechstundenhilfe in einer Zahnarztpraxis.

Auf Drängen ihrer Mutter nahm Jane Russell am „Theatre Workshop" des Regisseurs Max Reinhardt (1873–1943) bei der russischen Emigrantin und Schauspiellehrerin Maria Ouspenskaya (1876–1949) Schauspielunterricht. Die Ausbildung bei Madame Ouspenskaya brach sie schon nach sechs Monaten ab und wurde Fotomodell.

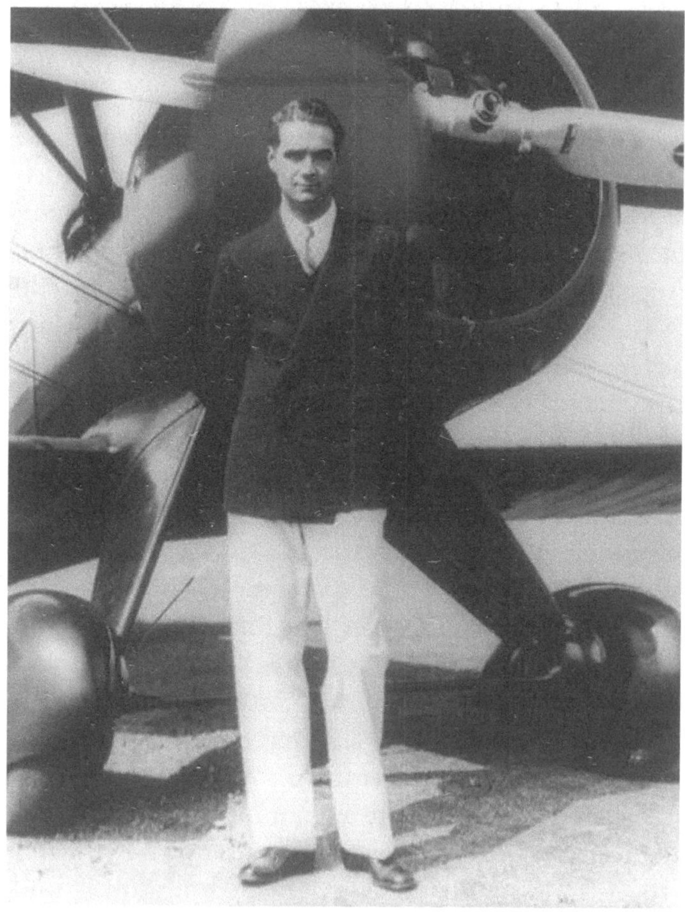

Howard Hughes (1905–1976)

Wie Jane Russell zum Film kam, wird in der Literatur unterschiedlich geschildert. Laut einer Version entdeckte der Regisseur Howard Hawks (1896–1977), der angeblich durch ein Foto aufmerksam geworden war, Jane am „Theatre-Workshop" und empfahl sie seinem Produzenten, dem legendären Unternehmer, Filmproduzenten und Luftfahrtpionier Howard Hughes (1905–1976). Nach einer anderen Version fiel die attraktive Jane mit ihren dunklen Haaren und verführerischen Kurven dem Hollywood-Agenten Lewis Green auf, der sie dem Filmproduzenten Howard Hughes vorstellte. Unwahrscheinlich ist, der fast taube Hughes, der im Laufe seines Lebens immer schrulliger wurde, habe Jane zufällig am Empfang seines Zahnarztes entdeckt.

Wie dem auch sei: 1940 erhielt Jane Russell von Howard Hughes einen Siebenjahresvertrag. Angeblich hatte sie 1940/1941 eine Affäre mit Hughes. 1941 drehte Jane ihren ersten Film „The Outlaw" („Geächtet", 1943), der die Geschichte des Revolverhelden „Billy the Kid" (1859–1881) erzählte. Darin spielte sie die Rolle eines rassigen Halbbluts namens Rio MacDonald.

In den frühen 1940-er Jahren soll Jane Russell eine der vielen Freundinnen des brasilianischen Millionärs und Playboys George Guinle (1916–2004) gewesen sein, der sich oft mit weiblichen Filmstars umgab. 1942 hatte Jane angeblich eine Affäre mit dem Schauspieler John Payne (1912–1989). Diese ging offenbar zu Ende, als ihr klar wurde, dass sie den Baseballspieler Bob

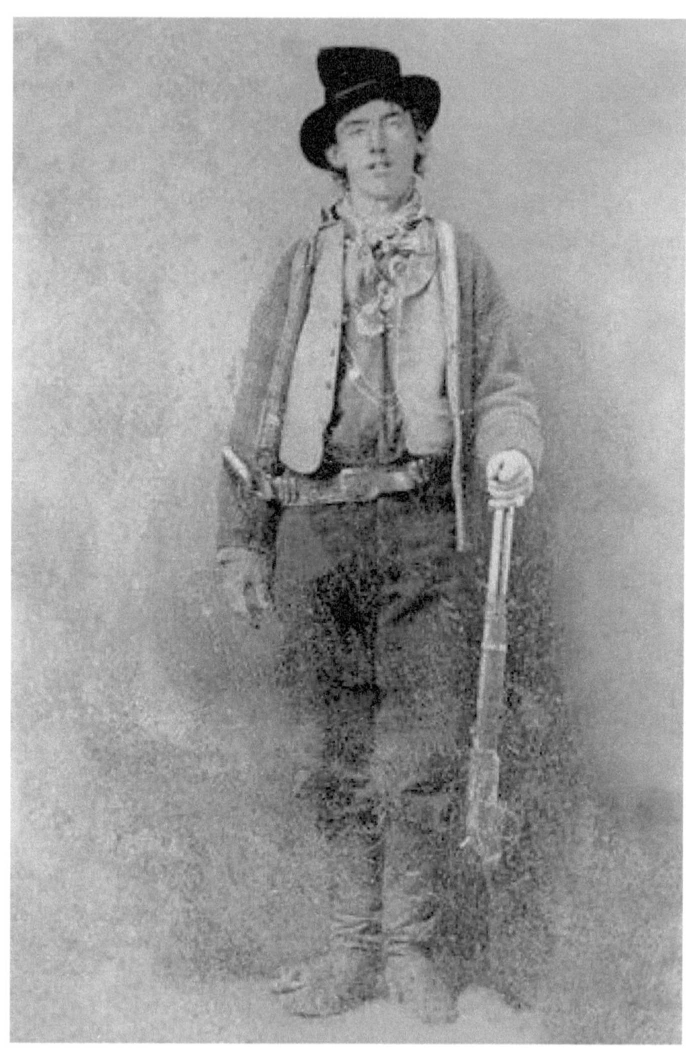

Billy the Kid" *(1859–1881)*

Waterfield, ihren Jungmädchen-Schwarm aus ihrer Highschool-Zeit an der „Van Nuys High School" in Los Angeles, liebte.

Der Western „The Outlaw" ging wegen jahrelanger Rechtsstreitigkeiten, verzögerten Kinostarts und einer geschmacklosen Werbekampagne in die Filmgeschichte ein. Dadurch avancierte das Filmsternchen Jane Russell zum bekannten Covergirl und Pin-up, noch bevor dieser Streifen überhaupt auf der Kinoleinwand zu sehen war.

Howard Hughes ließ für „The Outlaw" einen Spezial-Büstenhalter für Jane Russell anfertigen, welcher deren Busen auf der Kinoleinwand besonders zur Geltung bringen sollte. Ihm schwebte eine Art Freischwinger-BH vor, der die Brüste seines Stars hervorheben und der gleichzeitig für den Betrachter nicht wahrnehmbar sein sollte. Auf Wunsch von Hughes sollte der BH an entsprechender Stelle eine Anhebung besitzen, um die Brustwarzen von Jane zu markieren, da diese nicht immer zu erkennen waren.

Auf Plakaten und Pressefotos für den Film „The Outlaw" sah man Jane Russell in verführerischer Pose mit gezücktem Revolver. Howard Hughes stellte in der Werbung die beachtliche Oberweite von Jane mit dem Slogan heraus: „Es gibt zwei gewichtige Gründe, diesen Film zu sehen". Damit wollte er möglichst viele Männer in die Kinos locken. Plakate warben mit den Worten „Boshaft, launisch und bezaubernd". Bei öffentlichen

Auftritten wurde Jane mitunter als „The two and only"
(„die beiden einzig Wahren") angekündigt.
Der sexuell geprägte Werberummel für den Film
„The Outlaw" brachte bald amerikanische Sittenwächter
auf die Barrikaden. Damals reichte bereits die Ab-
lichtung eines Brustansatzes, um den Widerstand der
Verantwortlichen des amerikanischen Zensurorgans
„Production Code" zu erreichen. Einer der mit diesem
Fall betrauten Richter erklärte: „Die Brüste hängen über
diesem Film wie eine Gewitterfront über der Landschaft.
Sie sind überall".
Besonders umstritten war ein freizügiges Werbefoto,
das eine Filmszene der im Heu liegenden Jane Russell
zeigte. Dabei blickte sie mit halb geöffneten Augen in
die Filmkamera, hatte die rechte Hand hinter dem Kopf
und hielt mit der linken Hand einen Revolver. Der
Pullover war tief dekolletiert, ein Träger über die linke
Schulter heruntergerutscht. Der Rock war nach oben
geschoben und verhüllte ihre wohlgeformten Ober-
schenkel nur wenig. Auf Plakaten, welche diese reizvolle
Szene zeigten, wurde gefragt: „Würden Sie sich mit
Russell balgen wollen?" In der letzten Einstellung des
Films sah man Jane auf einem galoppierenden Pferd
ganz nach vorne geneigt.
Die Szene der im Heu hingeräkelten Jane Russell war
später gar nicht im Kino zu sehen. Der Schere zum
Opfer fiel auch eine Szene, in der die spärlich bekleidete
Jane sich auszieht, um den kränkelnden Helden im Bett

aufzuwärmen. Warum man sich einst darüber so sehr aufregte, versteht heute kaum noch jemand.

Auch der von Howard Hughes für Jane Russell entworfene Büstenhalter kam nicht zum Einsatz. Jane trug diesen BH nicht, weil sie ihn für untauglich hielt. Schlagfertig sagte sie später hierzu: „Er hätte mich ja nicht ausgezogen, um es zu überprüfen".

1943 erlebte der Film „The Outlaw" in den USA endlich seine Premiere. In vielen Städten der Vereinigten Staaten durfte er aber nicht aufgeführt werden, weil er angeblich zu pornografisch war. In anderen Orten sorgten Werbefotos der leichtbekleideten Jane Russell für lange Schlangen an den Kinokassen. Auch in Hollywood sprach man viel über ihre imposante Oberweite. Sieben Wochen nach der Premiere nahm Howard Hughes unter dem Druck der Öffentlichkeit den Film wieder aus den Kinos. Eine zensierte Version ohne leidenschaftliche Szenen zeigte man erst 1950.

Durch ihre beeindruckenden Maße von 97-61-91 Zentimeter bei einer Körpergröße von 1,70 Meter wurde Jane Russell schnell zum Sexsymbol. Ihr verführerisches Foto im Heuhaufen war das beliebteste Pin-up-Foto amerikanischer Soldaten während des Zweiten Weltkriegs.

1946 sah man Jane Russell in dem Film „Young Widow" („Der junge Löwe"). Dieses Melodram kam zunächst nicht in den Verleih und erwies sich später als Misserfolg an den Kinokassen. Ihr ehemaliger Förderer Howard

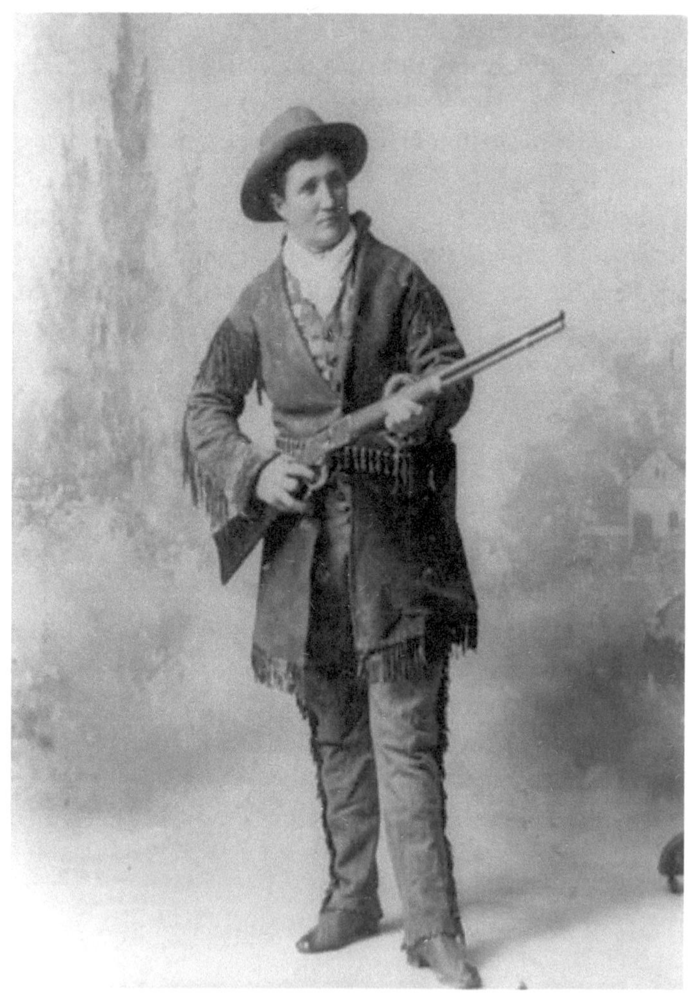

Calamity Janes (um 1852–1903)

Hughes hatte mittlerweile eine andere Filmschönheit entdeckt. Sehnsüchtig wartete Jane zu jener Zeit darauf, dass ihr jemand eine neue passende Filmrolle anbot. Fast schien es so, als würde sie wieder in der Versenkung verschwinden.

1947 wagte Jane Russell eine musikalische Premiere. Sie sang mit dem „Kay Kyser Orchester" im Rundfunk und brachte mit dieser Band zwei Singles heraus. Ihre Balladen und Spirituals aus den 1940-er und 1950-er Jahren waren durchaus erfolgreich.

Ein Wiedersehen mit Jane Russell auf der Kinoleinwand gab es in „The Paleface" („Sein Engel mit den zwei Pistolen", 1948). Darin spielte Jane neben Bob Hope die berühmteste Scharfschützin des Wilden Westens, Martha Jane Canarry (um 1852–1903), genannt Calamity Jane („Katastrophen-Jane"). Laut Legende erhielt sie ihren Spitznamen, weil über jeden Mann, der sie beleidigte, eine Katastrophe hereingebrochen sei. Die Geschichte des schüchternen und ängstlichen Zahnarztes Peter Potter (dargestellt von Bob Hope), der sich nach allerlei Neckereien mit Calamity Jane zusammentut, gilt als eine der amüsantesten Western-Parodien. Nach „The Paleface" erhielt Jane Russell immer häufiger humorvolle Filmrollen wie „Son of Paleface" („Bleichgesicht junior", 1952) oder „Road to Bali" („Der Weg nach Bali", 1953). Weniger bemerkenswert als diese beiden Filme waren „Montana Belle" („Die Schönste aus Montana", 1948), „Double Dynamite" („Doppeltes

Dynamit", 1951) und „His Kind of Wo man" („Ein Satansweib", 1951), in dem sie an der Seite von Robert Mitchum (1917–1997) auftrat. Mitchum war auch ihr Partner in „Macao" (1952), wo Jane eine Nachtclubsängerin verkörperte.

In „Gentlemen Prefer Blondes" („Blondinen bevorzugt", 1953) mimte Jane Russell den dunklen Gegenpart der blonden Marilyn Monroe (1926–1962). Dabei spielte Marilyn die naive, männerhungrige Lorelei Lee und Jane deren verlässliche und raffinierte Freundin Dorothy Shaw. Erstere sammelte Männer, zweitere Diamanten. Am Ende gab es ein Happy End: Beide gingen reich und glücklich zum Standesamt. In diesem Film sangen die beiden Sex-Idole den Hit „Diamonds are a Girl's best Friend".

Im Western „The Tall Men" („Drei Rivalen", 1955) drehte Jane Russell neben dem Herzensbrecher Clark Gable (1901–1960). Darin verkörperte sie eine Frau, die mit drei Männern auf einen Viehtreck geht. Eine feurige Zigeunerin stellte sie in „Hot Blood" („Feuer im Blut", 1956) und eine zwielichtige Halbweltsame in „The Revolt of Mamie Stover" („Bungalow der Frauen", 1956) dar.

Obwohl sich Jane Russell als Kassenmagnet in den Kinos erwies, hielten sich attraktive Rollenangebote für sie in Grenzen. Möglicherweise lag dies daran, dass man dieser „Überfrau" auf der Kinoleinwand wenige männliche Darsteller an die Seite stellen konnte. Selbst so genannte „männliche Naturgewalten" wirkten gegen sie wie kleine Wichte, heißt es.

Der große Busen von Jane Russell regte die Fantasie vieler Männer an. Anfang der 1950-er Jahre, als Jane den Höhepunkt ihres Ruhms erreicht hatte, bezeichneten amerikanische Soldaten zwei Bergkuppen, die im Korea-Krieg Schauplatz einer Schlacht waren, nach ihr.

Während der 1950-er Jahre schieden sich an der Person von Jane Russell die Geister. Mitglieder amerikanischer Frauenvereine beschimpften sie wegen ihrer spärlich verhüllten Reize als „Satansweib". Die zahlreichen männlichen und weiblichen Fans des Filmstars mit barocken Reizen dagegen schwärmten für die „Schönste in Hollywood".

Im Privatleben war Jane Russell kein „Satansweib", sondern meistens eine brave Hausfrau. Ihre am 24. April 1943 geschlossene erste Ehe mit dem „Baseball-König" Bob Waterfield (1920–1983) hielt ein Vierteljahrhundert bis Juli 1968. Während dieser Zeit zog sie drei adoptierte Kinder auf, denen sie eine „gottgefällige" Erziehung angedeihen ließ. Wegen den Folgen einer illegalen Abtreibung mit 18 konnte sie keine eigenen Kinder mehr be kommen. 1952 adoptierte sie das Baby Tracy, im Dezember 1952 den 15 Monate alten Jungen Thomas und 1956 den neun Monate alten Jungen Robert John. In der ersten Hälfte der 1950-er Jahre betätigte sich Jane Russell sogar als „Gottes Sprachrohr", indem sie ein Buch über den Glauben und die Bibel verfasste. Im

Vorwort schrieb sie, seit drei Jahren lese sie in der Bibel, nach deren Regeln sie gewissenhaft lebe. Auf dem Höhepunkt ihrer Karriere gründete sie bei ihr zuhause den wöchentlichen Bibelkreis „Hollywood Christian Group" für Christen in der Filmwelt. Gelegentlich sah man sie in der TV-Sendung „Praise the Lord" des christlichen Fernsehsenders „Trinity Broadcasting Network" in Costa Mesa (Kalifornien). Außerdem war sie Mitglied der „Republikanischen Partei". Über ihre politischen Ansichten erklärte sie einmal: „Heutzutage bin ich eine abstinente, böswillige, rechte, engstirnige, konservative christliche Eiferin. Aber ich bin keine Rassistin". In Interviews kritisierte sie die ehemalige Sexgöttin die Sensationsgier von Teilen der Presse und den Sexismus der Filmindustrie.

Auf Wunsch von Howard Hughes sollte Jane Russell in einer Szene der Filmkomödie „The French Line" („Die lockende Venus", 1954) einen Bikini tragen. Aber sie fühlte sich für eine solche Aufmachung „zu nackt" und lehnte ab. Statt dessen zeigte sie sich in einem einteiligen Badeanzug. Akustisch untermalt wurde diese Szene mit dem Musiktitel „Lookin' For Trouble". Hughes soll Jane sogar noch in ein Schlafzimmer gelockt und eindeutige Absichten verfolgt haben, als diese bereits Ehefrau war. Aber Jane fauchte: „Howard, mach keine Dummheiten, ich bin eine verheiratete Frau".

Gemeinsam mit Connie Haines, Beryl Davis und Della Russell hob Jane Russell das Gospel-Quartett „Hollywood Christian Group" aus der Taufe. Dieses Quartett erreichte im Mai 1954 mit der Single „Do Lord" den 27. Platz der „Billboard Singlecharts". Davon wurden zwei Millionen Platten verkauft.

1954 gründete Jane Russell zusammen mit ihrem Ehemann Bob Waterfield die „Russ-Field Corporation". Die Beiden produzierten die Musicalkomödie „Gentlemen Marry Brunettes" („So liebt man in Paris", 1955), den Abenteurerfilm „The King and four Queens" („Heißer Süden", 1956), den Streifen „Run for the Sun" („Der Sonne entgegen", 1956) und die humorvolle Kidnapper-Story „The Fuzzy Pink Nightgown" („Traum in Pink", 1957).

1955 hob Jane Russell den „World Adoption International Fund" („WAIF") aus der Taufe. Diese Organisation vermittelte Kinder an Adoptiveltern und leistete Pionierarbeit bezüglich Adoptionen ausländischer Kinder für amerikanische Familien.

Im „Sands Hotel" in Las Vegas (Nevada) feierte Jane Russell 1957 ihr Solodebüt als Sängerin. 1959 gab sie ihr Debüt auf der Theaterbühne.

Nach siebenjähriger Pause kam wieder ein neuer Film von Jane Russell in die Kinos. In dem Drama „Fate is the Hunter" („Bezwinger des Todes", 1964) spielte sie sich selbst als eine Schauspielerin, die vor amerikanischen Soldaten auftritt. Danach wirkte sie noch in vier weiteren Filmen mit: „Johnny Reno" („Sheriff Johnny Reno", 1966), „Waco" („Wyoming-Bravados",

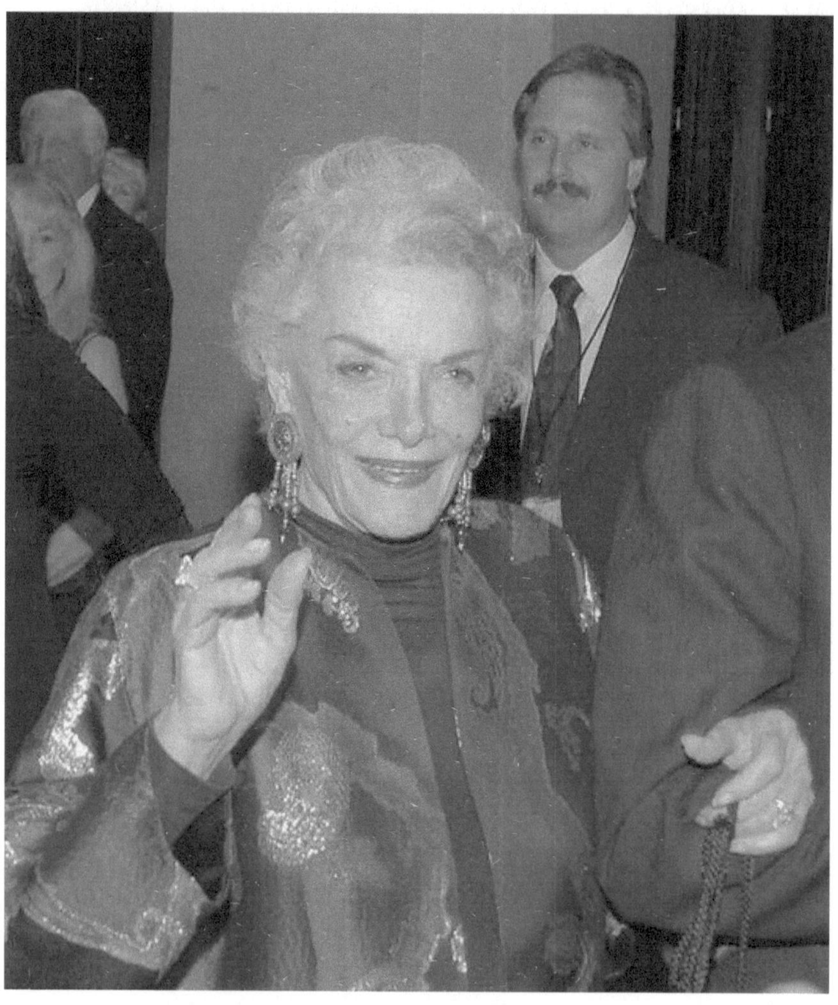

Jane Jane Russell im reiferen Alter

1966), „The Born Losers" („Engel der Hölle", 1967) und „Darker Than Amber" („MacGee, der Tiger", 1970). Vor der Presse erklärte sie 1970: „Ich habe mehr zu bieten als Busen, Beine und Gesicht!".

Im Juli 1968 wurde die erste Ehe von Jane Russell mit Bob Waterfield geschieden. Diese hatte rund ein Vierteljahrhundert gehalten. Während dieser Ehe hatte Jane, wie sie später gestand, eine Affäre mit einem anderen Mann. Als ihr Gatte eine Affäre mit ihrer Sekretärin hatte, reichte sie die Scheidung ein. Die beiden älteren Adoptivkinder Tracy und Thomas blieben bei Jane, das jüngste Adoptivkind Robert John bei Bob Waterfield.

Einen Monat nach ihrer Scheidung heiratete Jane Russell am 25. August 1968 den Schauspieler Robert Barret (1927–1968), der bereits am 18. November 1968 im Alter von nur 40 Jahren an den Folgen eines Herzinfarktes starb. 1971 sah man Jane ein halbes Jahr lang am New Yorker Broadway in dem Musical „Company". Ende Januar 1974 schloss sie ihre dritte Ehe mit dem Immobilienmakler John Calvin Peoples (1925–1999), mit dem sie in Arizona lebte. Während der 1970-er Jahre erschien die flotte Fünfzigerin in Werbespots der Firma „Playtex" für Unterwäsche.

1977 kündigte Jane Russell ihre Memoiren an, in denen vor allem von dem exzentrischen Howard Hughes die Rede ist. Aus dessen Vermögen erhielt sie wöchentlich 1.000 US-Dollar. Als ihre größte Leidenschaft galten

Diamanten, die sie für die besten Freunde einer Frau hielt.

1978 machte Jane Russell negative Schlagzeilen, als man sie wegen Alkohol am Steuer verhaftete. Im selben Jahr wurde ihr 22-jähriger Adoptivsohn Robert John „Bucky" Waterfield festgenommen und unter Mordanklage gestellt. Er hatte im Vollrausch während einer wilden nächtlichen Autofahrt mit Freunden auf Schilder und Lichter geschossen und dabei unabsichtlich einen Gast in einer Bar tödlich getroffen. Hierfür verurteilte man ihn zu 18 Monaten Gefängnis.

1984 wirkte Jane Russell in drei Folgen der amerikanischen Fernsehserie „The Yellow Rose" mit. Ihre Autobiografie „My Path and Detours" erschien 1985. Zu ihren zahlreichen Auszeichnungen kam 1989 der „Women's International Center Living Legacy Award" hinzu. In Berlin ehrte man sie 1991 mit dem „Goldenen Bären".

Am 9. April 1999 starb John Calvin Peoples, der dritte Ehemann von Jane Russell. Mit ihm war sie 25 Jahre lang verheiratet gewesen. Nach dem Tod von Peoples tröstete sich die am Boden zerstörte 77-jährige Jane mit Alkohol. In jener schwierigen Zeit zog sie zu ihrem jüngsten Adoptivsohn Robert John Waterfield in die kleine kalifornische Stadt Santa Maria, die etwa 170 Kilometer von Hollywood entfernt ist.

1999 erklärte Jane Russell: „Warum habe ich mit dem Filmen aufgehört? Weil ich zu alt war! Man konnte in jenen Jahren nicht weiter schauspielern, wenn man eine Schauspielerin über 30 war". Für ihr Lebenswerk erhielt sie 2001 beim „Marco Island Film Festival" den „Lifetime Achievement Award".

2006 konnte Jane Russell ihren 85. Geburtstag feiern. Aus diesem Anlass zeigte der „Bayerische Rundfunk" die Fernsehdokumentation „Jane Russell – Der Star aus dem Heu". Eckhart Schmidt, der hierfür mehrere aktuelle Interviews mit Jane geführt hatte, erklärte: „Jane war dabei vital wie immer, hell im Kopf und sie kann phantastisch erzählen über ihre Karriere, ihre Regisseure und ihre Partner und Partnerinnen, über das Hollywood der 50er Jahre und die Welt des Pin-Up und der Sexbomben".

Auch im hohen Alter stand Jane Russell noch gern im Rampenlicht, wenngleich sie inzwischen altersbedingt an einer Seh- und Hörschwäche litt. Zusammen mit anderen Senioren erinnerte sie ab 2006 in der Show-Revue „The Swinging Forties" zweimal im Monat in einem Hotel von Santa Maria an vergangene Glamour-Zeiten. Die amerikanische Zeitung „Los Angeles Times" schrieb über sie: „Mit üppigen Kurven im türkisen Abendkleid ist sie immer noch die flotte, kecke Jane Russell vergangener Jahre".

Am 28. Februar 2011 starb Jane Russell in ihrem Haus in Santa Maria (Kalifornien) im Alter von 89 Jahren. Nach Angaben ihrer Schwiegertochter Etta Waterfield erlag sie im Beisein ihrer nächsten Verwandten an den

Folgen einer Atemwegserkrankung. Die Trauerfeier erfolgte am 12. März 2011 in der christlichen „Pazifik Kirche" in Santa Maria. Der Leichnam wurde auf dem Friedhof „Santa Barbara Cemetery" verbrannt und ihre Asche über See verstreut. An sie erinnert ein Stern auf dem „Hollywood Walk of Fame" auf dem „Hollywood Boulevard".

Filme von Jane Russell

(Auswahl)

1943: Geächtet (The Outlaw) – Regie: Howard Hughes
1946: Young Widow – Regie: Edwin L. Marin
1948: Sein Engel mit den zwei Pistolen/Das Bleichgesicht (The Paleface) – Regie: Norman Z. McLeod
1951: Ein Satansweib (His Kind of Woman) – Regie: John Farrow
1951: Doppeltes Dynamit (Double Dynamite) – Regie: Irving Cummings
1952: Die Spielhölle von Las Vegas (The Las Vegas Story) – Regie: Robert Stevenson
1952: Macao – Regie: Josef von Sternberg
1952: Bleichgesicht Junior (Son of Paleface) – Regie: Frank Tashlin
1952: Die Schönste von Montana (Montana Belle) – Regie: Frank Tashlin
1952: Der Weg nach Bali (Road to Bali) (Cameo) – Regie: Hal Walker
1953: Blondinen bevorzugt (Gentlemen Prefer Blondes) – Regie: Howard Hawks
1954: Die lockende Venus (The French Line) – Regie: Lloyd Bacon

1955: Die goldene Galeere (Underwater!) – Regie:
John Sturges
1955: Goldenes Feuer (Foxfire) – Regie: Joseph
Pevney
1955: Drei Rivalen (The Tall Men) – Regie: Raoul
Walsh
1955: So liebt man in Paris (Gentlemen Marry
Brunettes) – Regie: Richard Sale
1956: Feuer im Blut (Hot Blood) – Regie: Nicholas
Ray
1956: Bungalow der Frauen (The Revolt of Mamie
Stover) – Regie: Raoul Walsh
1957: Traum in Pink (The Fuzzy Pink Nightgown) –
Regie: Norman Taurog
1964: Bezwinger des Todes (Fate Is the Hunter) –
Regie: Ralph Nelson Cameo

Quelle: Wikipedia

Literatur

CORTE, Angela: Das „Satansweib" aus Hollywood.
Jane Russelll wird 65 / Filmstar mit barocken Reizen.
interpress feature. Internationaler biographischer
Pressedienst, 10. Juni 1986, Hamburg
FEMBIO Frauen-Biographie-Forschung
http://www.fembio.org
HEINZLMEIER, Adolf / SCHULZ, Bernd /
WITTE, Karsten: Die Unsterblichen des Kinos, Band
2, Glanz und Mythos der Stars der 40er und 50er Jahre,
Frankfurt am Main 1980
INTERNET MOVIE DATABASE
(Film-Datenbank)
http://www.imdb.com
PROBST, Ernst: Superfrauen 7 – Film und Theater,
Mainz-Kostheim 2001
PROBST, Ernst: Königinnen des Films, München 2012
PUBLIKUMSLIEBLINGE NICHT NUR VON
GESTERN http://www.steffi-line.de
Internetseite von Stephanie D'heil, Düsseldorf
RUSSELL, Jane: My Path and Detours, 1985
WIKIPEDIA (Online-Lexikon)
http://wikipedia.org

WINNERT, Derek (Herausgeber): Jane Russell Aus: Kino. Die große Welt der Filme und Stars, S. 152, Niedernhausen 1995

Bildquellen

Klaus Benz, Fotograf, Mainz-Laubenheim: 32

Library of Congress, Prints and Photographs Division, Washington: 10, 16 (Foto von H. R. Locke von 1895)

Reproduktion eines Fotos von Nikola Perscheid (1864–1930) von 1911: 8

Reproduktion eines Fotos vor 1881: 12

Reprodukton eines Fotos vor 1901: 6

Luke Ford (User Tabercil)/CC-BY-SA2.5: http://www.lukeford.net/Images/photos4/080212/20.htm: 22 (via Wikimedia Commons), lizensiert unter CreativeCommons-Lizenz by-sa-2.5-de http://creativecommons.org/licenses/by-sa/2.5/legalcode

Yank, the Army Weekly (Foto auf dem Cover vom 21. September 1945): 1

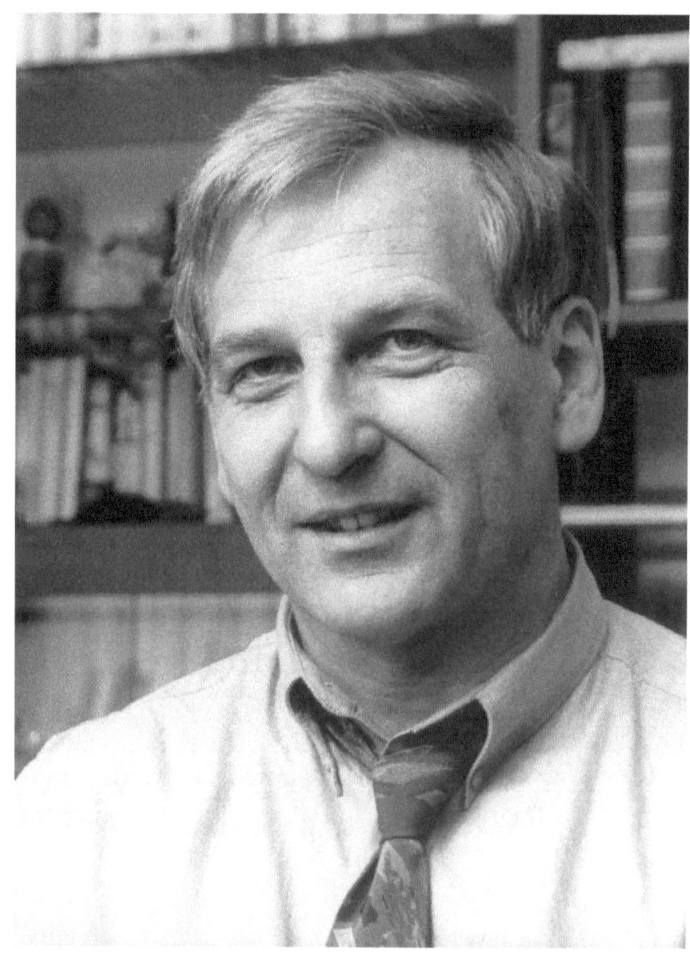

Autor Ernst Probst

Der Autor Ernst Probst

Ernst Probst, geboren am 20. Januar 1946 in Neunburg vorm Wald im bayerischen Regierungsbezirk Oberpfalz, ist Journalist und Wissenschaftsautor. Er arbeitete von 1968 bis 1971 als Redakteur bei den „Nürnberger Nachrichten", von 1971 bis 1973 in der Zentralredaktion des „Ring Nordbayerischer Tageszeitungen" in Bayreuth und von 1973 bis 2001 bei der „Allgemeinen Zeitung", Mainz. In seiner Freizeit schrieb er Artikel für die „Frankfurter Allgemeine Zeitung", „Süddeutsche Zeitung", „Die Welt", „Frankfurter Rundschau", „Neue Zürcher Zeitung", „Tages-Anzeiger", Zürich, „Salzburger Nachrichten", „Die Zeit", „Rheinischer Merkur", „Deutsches Allgemeines Sonntagsblatt", „bild der wissenschaft", „kosmos", „Deutsche Presse-Agentur" (dpa), „Associated Press" (AP) und den „Deutschen Forschungsdienst" (df). Aus seiner Feder stammen die Bücher „Deutschland in der Urzeit" (1986), „Deutschland in der Steinzeit" (1991) und „Deutschland in der Bronzezeit" (1996). Von 2001 bis 2006 betätigte sich Ernst Probst als Buchverleger sowie zeitweise als internationaler Fossilienhändler und Antiquitätenhändler. Insgesamt veröffentlichte er rund 200 Bücher, Taschenbücher, Broschüren und E-Books.

Bücher von Ernst Probst

(Auswahl)

Als Mainz noch nicht am Rhein lag

Annie Oakley
Die Meisterschützin des Wilden Westens

Archaeopteryx. Der Urvogel
aus Bayern

Christl-Marie Schultes. Die erste Fliegerin in Bayern
(zusammen mit Theo Lederer)

Cortés und Malinche. Der spanische Eroberer
und seine indianische Geliebte

Der Europäische Jaguar

Der Mosbacher Löwe
Die riesige Raubkatze aus Wiesbaden

Der Rhein-Elefant
Das Schreckenstier von Eppelsheim

Der Sögel-Wohlde-Kreis

Die nordische Bronzezeit in Deutschland

Die Hügelgräber-Kultur in Deutschland

Die ältere Bronzezeit in Nordrhein-Westfalen

Die Bronzezeit in der Lüneburger Heide

Die Stader Gruppe

Die Oldenburg-emsländische Gruppe

Die Urnenfelder-Kultur in Deutschland

Die ältere Niederrheinische Grabhügel-Kultur

Die Unstrut-Gruppe

Die Helmsdorfer Gruppe

Die Saalemündungs-Gruppe

Die Lausitzer Kultur in Deutschland

Eiszeitliche Leoparden in Deutschland

Frauen im Weltall

Hildegard von Bingen. Die deutsche Prophetin

Höhlenlöwen. Raubkatzen
im Eiszeitalter

Julchen Blasius
Die Räuberbraut des Schinderhannes

Katharina II. die Große.
Die Deutsche auf dem Zarenthron

Johann Jakob Kaup
Der große Naturforscher aus Darmstadt

Königinnen der Lüfte in Deutschland

Königinnen der Lüfte in Europa

Königinnen der Lüfte in Amerika

Königinnen der Lüfte von A bis Z

Rund 70 Kurzbiografien berühmter Fliegerinnen,
Ballonfahrerinnen, Luftschifferinnen,
Fallschirmspringerinnen, Astronautinnen und
Kosmonautinnen

Königinnen des Films

Königinnen des Tanzes

Königinnen des Theaters

Malende Superfrauen

Meine Worte sind wie die Sterne

Die Entstehung der Rede des Häuptlings Seattle
(zusammen mit Sonja Probst)

Monstern auf der Spur
Wie die Sagen über Drachen, Riesen
und Einhörner entstanden

Neues vom Ur-Rhein
Interview mit dem Geologen und Paläontologen
Dr. Jens Sommer

Österreich in der Frühbronzezeit

Österreich in der Mittelbronzezeit

Österreich in der Spätbronzezeit

Pompadour und Dubarry. Die Mätressen
von Louis XV.

Raub-Dinosaurier von A bis Z.
Mit Zeichnungen von Dmitry Bogdanav
und Nobu Tamura

Rekorde der Urmenschen
Erfindungen, Kunst und Religion

Rekorde der Urzeit
Landschaften, Pflanzen und Tiere

Säbelzahnkatzen. Von Machairodus
bis zu Smilodon

Säbelzahntiger am Ur-Rhein. Machairodus
und Paramachairodus

Superfrauen aus dem Wilden Westen

Tony und Bruno Werntgen. Zwei Leben für die Luftfahrt
(zusammen mit Paul Wirtz)

Was ist ein Menhir?
Interview mit dem Mainzer Archäologen
Dr. Detert Zylmann

Weisheiten der Indianer

Wer ist der kleinste Dinosaurier?
Interviews mit dem Wissenschaftsautor Ernst Probst

Wer war der Stammvater der Insekten?
Interview mit dem Stuttgarter Biologen
und Paläontologen Dr. Günther Bechly

Zenobia von Palmyra.
Eine Frau kämpft gegen die Römer

Bestellungen bei: http://www.grin.com